GIACOMO BRUNO

RENDITE DA IMMOBILI

Comprare Immobili in Leva Finanziaria

e Creare Rendite Automatiche

Titolo

"RENDITE DA IMMOBILI"

Autore

Giacomo Bruno

Editore

Bruno Editore

Sito internet

http://www.brunoeditore.it

Sommario

Introduzione   pag. 5

Capitolo 1: Cashflow e Rendite Automatiche   pag. 9

Capitolo 2: Investire in Leva Finanziaria   pag. 30

Capitolo 3: Mettere a Reddito gli Immobili   pag. 55

Capitolo 4: Rendite del 100% e Immobili Gratis   pag. 77

Capitolo 5: Casi di studio: via Nevio e via Lampertico   pag. 99

Conclusione   pag. 114

Introduzione

Dedico questo libro a Enzo Bruno

È davvero possibile investire in immobili senza avere grosse riserve di denaro e addirittura metterli a reddito per costruirsi delle rendite automatiche? La risposta è sì, è possibile e assolutamente fattibile. Io ne ho avuto la prova, dapprima conoscendo persone che si sono arricchite con gli immobili partendo completamente da zero, e poi sul campo investendo io per primo senza avere grandi cifre in tasca.

Ho sempre pensato che per "fare i soldi ci vogliono i soldi". Questa è una delle convinzioni più diffuse tra i poveri e la classe media: una convinzione basata sull'inesperienza, sulla non conoscenza di un settore, sull'ignorare le strategie pratiche per ottenere risultati, o sul conoscere persone che non sono riuscite a raggiungere i propri obiettivi.

Ma quando conosci persone che invece ce l'hanno fatta e che hanno ottenuto risultati, allora puoi modellarle e seguire le loro strategie.

Senza averne coscienza, io sin da piccolo ho visto mettere in atto queste strategie: mio padre è stato un grande imprenditore e l'ho visto creare decine di società redditizie, l'ho visto investire in immobili, l'ho visto costruire intere palazzine. Ero piccolo quando mi portava in giro per cantieri o a vedere terreni, spiegandomi che un giorno il loro valore si sarebbe moltiplicato.

Quando sono cresciuto, ho scoperto che esiste un enorme filone della letteratura americana che tratta i *real estate*, gli immobili. Solo per citare alcuni dei più grandi autori internazionali, ti faccio i nomi di Robert Kiyosaki, Robert Allen, Donald Trump. In Italia abbiamo Alfio Bardolla, mio amico e mentore, che ha portato nel nostro paese l'intero filone della libertà finanziaria.

Ho scoperto così che qualcuno, prima di me, aveva già modellato le persone più esperte, estraendone delle specifiche strategie per raggiungere risultati negli investimenti immobiliari.

Parliamo sia di componente psicologica che di tecnica. Sia di competenze personali che strategiche. Investire in immobili infatti non è solo questione di conoscere il mercato e spuntare il prezzo più basso, ma coinvolge abilità personali come la comunicazione, la leadership, la gestione del team, la negoziazione, la vendita e così via.

Per questo ti porterò alcuni miei casi di studio: in primo luogo per dimostrarti che chiunque può imparare a investire senza soldi. In secondo luogo per mostrarti i miei pensieri, le mie idee, le mie paure iniziali, le mie convinzioni, il gioco di squadra.

Buona lettura!

Giacomo Bruno

CAPITOLO 1:

Cashflow e Rendite Automatiche

Voglio narrarti la storia di un paesino della California, molto arido, in cui mancava spesso l'acqua, tanto che ce n'era a sufficienza per tutti solo quando pioveva, poche volte l'anno. Per questo motivo il sindaco un giorno decide di indire un appalto per la fornitura di acqua. Risultano vincitori a pari merito due concorrenti di nome John e Richard.

Cosa fa John? Si mette subito al lavoro: tutte le mattine si alza, prende due secchi, va al fiume, li riempie, li porta nella cittadina e li svuota in un pozzo. Così, pian piano, lavorando dalla mattina alla sera, dal lunedì al venerdì, riempie il pozzo. A questo punto inizia a vendere l'acqua a un dollaro a secchio e, dovendo rifornire le centinaia di persone che vivono nel paese, arriva a guadagnare un bel po' di soldini.

Richard, invece, scompare. Il sindaco non vede la cosa di buon occhio, perché sperava si creasse una sana concorrenza fra i due a tutto vantaggio dell'efficienza del servizio e della qualità dell'acqua. Ciò non accade. John, che è rimasto, non è certo dispiaciuto di questo, anzi è ben contento. Continua a fare il suo lavoro, prende i secchi, li porta al pozzo e fornisce l'acqua al suo paesino guadagnando un bel po' di soldi.

Dopo sei mesi Richard torna e tutti si chiedono dove poteva essere mai stato. Richard in quei sei mesi era stato a Los Angeles alla ricerca di soci finanziatori. Una volta raggiunto un accordo era tornato in paese per formare una nutrita squadra di operai. Fa così costruire un lungo acquedotto che dal fiume porta l'acqua direttamente al pozzo del paese. Sette mesi dopo la vincita dell'appalto Richard è quindi in grado di offrire, con ottima efficienza, acqua pulitissima a un quarto del prezzo a cui John vendeva acqua non perfettamente pura. Inoltre, grazie all'acquedotto, può fornirla non solo di giorno ma anche di notte, sette giorni su sette. A quel punto, ovviamente, tutti vanno a comprare l'acqua da Richard.

John non rimane con le mani in mano, perché non vuole vedere perso tutto il lavoro fatto per sei mesi con grande fatica, né vuole permettere a Richard di portargli via il lavoro con tanta facilità. Allora cosa pensa di fare? Abbassa i costi. Vende l'acqua a un prezzo inferiore rispetto a quello praticato da Richard. Per mantenere il guadagno acquista altri due secchi e inizia a trasportare quattro secchi alla volta, facendo veramente tanta fatica.

Non solo: assume i figli, in modo che coprano i turni di notte e il week-end. A questo punto anche lui fornisce abbastanza acqua per tutti e riesce a riconquistarsi qualche cliente che vuole spendere di meno. Purtroppo non può durare, perché John ha coinvolto l'intera famiglia in un'attività pesantissima, senza riposo, e tutto per pochi spiccioli.

Richard, intanto, lavora comodamente seduto alla sua scrivania e guadagna moltissimi soldi senza faticare. Può permettersi di andare in vacanza e di godersi la vita. In più non tiene fermo il suo denaro ma lo investe. Decide, visto che l'affare va così bene, di costruire altri acquedotti per rifornire di acqua tutti i paesi vicini. Ha un tale successo che può permettersi di abbassare ancora il prezzo dell'acqua. Infatti, anche guadagnando un solo centesimo per ciascun secchio d'acqua, ha talmente tante richieste da poter campare di rendita per il resto della vita. A questo punto John non può più gestire la concorrenza e chiude l'attività…

Ciò che voglio chiederti è:

TU stai costruendo un acquedotto o stai portando i secchi?

L'uomo medio porta i secchi per tutta la vita, quindi fa un lavoro duro, non lavora con intelligenza finanziaria. C'è la convinzione diffusa che per fare i soldi si debba lavorare duro, invece è necessario farlo con intelligenza. È preferibile fermarsi sei mesi, pianificare bene ciò che si vuol fare, porsi degli obiettivi e poi trovare una strategia per raggiungerli.

Richard non ha fatto nulla di particolarmente innovativo, però si è detto che era necessaria un'idea nuova. Ha preferito non guadagnare per sei mesi ma investire in un suo progetto, in qualcosa in cui credeva. In quel periodo ha lavorato con intelligenza, e i risultati si sono visti e sono durati per tutta la vita. E non ha avuto bisogno di soldi. È partito da zero e ha trovato dei soci finanziatori per la sua idea.

SEGRETO n. 1: lavorando con intelligenza finanziaria è possibile costruire rendite automatiche anche partendo da zero e senza soldi.

È molto importante chiedersi se stiamo costruendo il nostro acquedotto o ancora non abbiamo iniziato. Perché troppe persone si accorgono tardi, magari arrivate alla soglia dei sessant'anni, di aver lavorato una vita intera per una pensione di 500 euro al mese.

Sono curioso di sapere, quando io stesso sarò settantenne, cosa mi darà lo Stato, che pensione mi potrà garantire. Infatti tutti sappiamo che oggi lo Stato paga le pensioni non con i soldi dei lavoratori degli ultimi trent'anni, ma con quelli dei lavoratori attuali. Sicuramente fra trent'anni avrai certamente la tua pensione, ma sarà molto meglio per te se riuscirai ad assicurarti anche altre rendite. Io ho costruito i miei acquedotti che mi permettono di andare in vacanza e di vedere arrivare soldi come acqua, ed è quello che voglio faccia anche tu per te stesso.

Quello che voglio che tu apprenda da questo libro è imparare a crearti delle rendite automatiche di denaro basate sugli immobili a reddito.

Infatti per creare ricchezza devi creare attività e non aspettare che il lavoro arrivi da altri; devi far sì che il denaro produca denaro, che i soldi lavorino per te e non il contrario. La prima analisi da fare se vuoi diventare un bravo immobiliarista, riguarda il **cashflow**, ovvero il **flusso di cassa**.

Flusso di cassa = entrate - uscite

Se una persona guadagna 2000 euro al mese e ne spende 2000, il suo flusso di cassa è pari a zero. È un concetto semplice. Ed è lo stato in cui versa la grande maggioranza delle persone. A un italiano medio a volte entrano 2000 euro e ne escono 2100, cioè spende sempre un po' più di ciò che guadagna.

Quante rendite automatiche ha? Quanti immobili in affitto ha? Nessuno...

Definiamo "povero" chi non ha patrimonio né beni e ha flusso di cassa pari a zero; non necessariamente uno stipendio basso.

Possiamo avere anche un avvocato "povero" che guadagna 10.000 euro al mese e ne spende altrettanti. Ha comunque un flusso di cassa pari a zero.

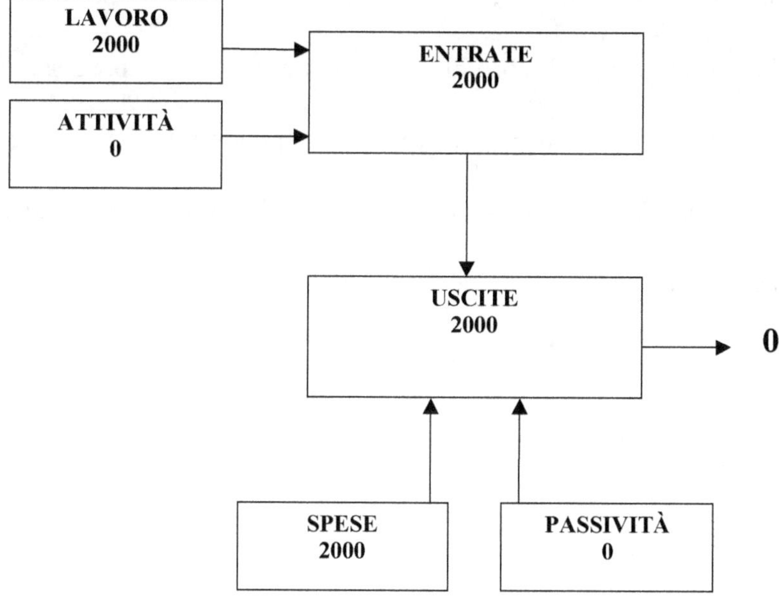

E la classe media degli italiani? È la classe di persone che ha un buono stipendio, che si aggira sui 3000 euro mensili ma comunque cashflow tendente a zero, in quanto investe tutto in spese di vario genere e debiti bancari; magari ha la **casa di proprietà** su cui paga il mutuo; inoltre tutte le entrate sono dovute al proprio lavoro al 100%. Un esempio è il professionista che guadagna 3000 euro al mese e li spende tutti per mantenere un tenore di vita alto e pagare la rata del mutuo. A seguire, lo schema del cashflow della classe media.

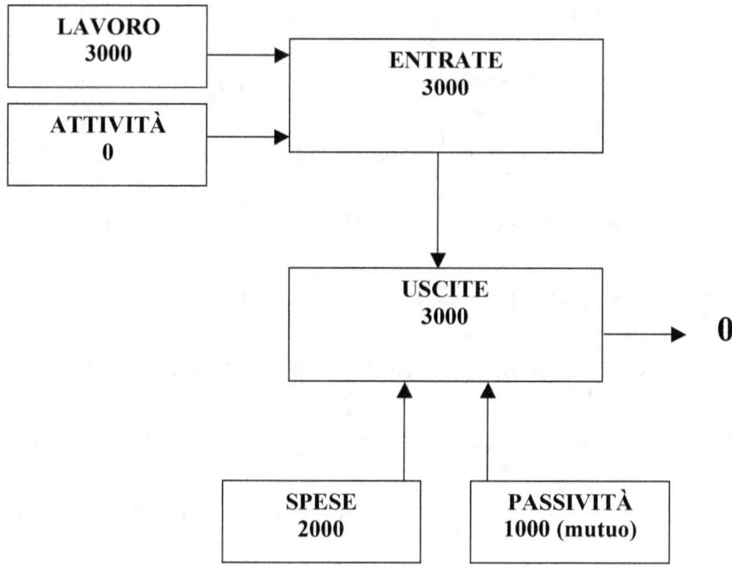

Rispetto agli altri se non altro una parte del denaro è "investita" nella casa di proprietà. Come vedremo più avanti non è un grande investimento e il ritorno è praticamente inesistente. Ma sappiamo che l'italiano medio ha, o ambisce ad avere, la casa di proprietà.

Poi ogni tanto va a cena fuori, fa un regalo alla moglie, deve comprare i libri al figlio che va a scuola... fosse vero che per vivere gli bastano 3000 euro al mese! Se guadagna 3000 euro ha anche uscite per 3000 euro: quindi un cashflow pari a zero. Tuttavia, diversamente dal povero, ha la casa di proprietà e sta pagando un mutuo, che quindi troveremo fra le sue passività. Ogni mese paga una rata di mutuo pari a 1000 euro e lo farà per trent'anni. Ciò vuol dire che non si può permettere nessun extra. Se vuole cambiare macchina deve aggiungere 200 euro di extra mensili fra le passività, con il conseguente aumento delle spese fisse. È la rappresentazione di una famiglia normale.

La classe ricca invece è la classe di persone che ha cashflow positivo, non tanto perché ha uno stipendio elevato o basse spese, ma perché ha attività ulteriori rispetto al proprio lavoro, che danno luogo a rendite automatiche costanti. Ecco il cashflow tipico della classe ricca.

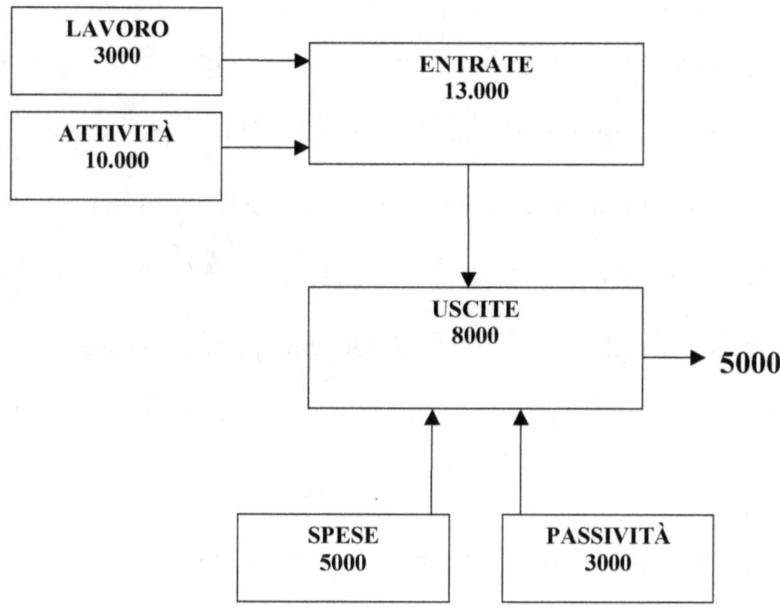

SEGRETO n. 2: il "cashflow" (entrate - uscite) è un valido indicatore di ricchezza e rappresenta l'obiettivo su cui lavorare per crearsi rendite automatiche.

Il ricco lavora come il povero e l'appartenente alla classe media, percependo, ovviamente, uno stipendio medio-alto, diciamo 3000 euro mensili. In più, però, ha altre **attività**. Ha la sua società che gli assicura un utile aggiuntivo, magari degli immobili in affitto e, a fine mese, trova 10.000 euro aggiuntivi fra le attività, per un'entrata complessiva pari a 13.000 euro. Poi ha spese pari a 5000 euro, perché si gode la vita senza limitarsi in nulla. Ha delle passività? Sì, perché ha preso un prestito "buono" per un investimento immobiliare e paga una rata da 3000 euro al mese, quindi ha uscite per 8000 euro. Ha entrate pari a 13.000 euro e uscite pari a 8000 euro, quindi un cashflow finale positivo pari a 5000 euro.

La differenza sta soprattutto nel modo di vivere del ricco rispetto alle altre classi. Ci dobbiamo chiedere come organizzi le sue giornate e da dove derivino le sue entrate. Ad esempio, cosa succede se smette di lavorare per tre mesi? Se sciando si rompe le gambe, muore di fame? No, perché la sua attività va avanti, la sua azienda continua a produrre e i suoi inquilini continuano a pagare l'affitto.

Il ricco, per definizione, ha entrate derivanti da *rendite automatiche maggiori delle uscite*. Se l'ipotetico "ricco", cui lo schema si riferisce, avesse avuto attività per 5000 euro e uscite pari a 8000, non sarebbe stato comunque tale perché quello che ci interessa veramente sono le rendite automatiche.

SEGRETO n. 3: la definizione di ricchezza è quando si hanno rendite automatiche, indipendenti dal proprio lavoro, maggiori delle spese fisse.

La ricchezza si può anche determinare in base al numero di mesi, giorni o anni per i quali potresti sopravvivere se smettessi di lavorare ora.

Se oggi perdi il lavoro, quanto tempo puoi sopravvivere?

Un mese? Dieci mesi? Un anno? Dieci anni? Dipende da quanti soldi hai da parte. Diciamo che hai spese fisse per 2000 euro e hai 10.000 euro da parte. Puoi andare avanti per soli cinque mesi e certo non è molto, se fai molti sacrifici puoi arrivare a un anno, ma poi, inevitabilmente, arriverà il crollo. Se invece le tue rendite automatiche sono maggiori delle tue spese fisse, allora puoi andare avanti all'infinito, perché i soldi non finiranno mai.

Perché ti racconto tutto questo? Innanzitutto perché ci sono concetti che devi conoscere e capire se vuoi investire in immobili.

Quello che ti spiegherò nel capitolo successivo riguarda proprio come creare cashflow positivo e rendite automatiche con gli immobili. In secondo luogo perché è importante rendersi conto di quale sia la propria situazione attuale e capire qual è il cashflow che desideriamo. L'esercizio che dovrai fare adesso, quindi, consiste nell'analizzare la tua attuale situazione economica e capire a quale classe, a quale tipologia appartieni.

Sei hai un immobile affittato a qualcuno per la cifra di 2000 euro e spese per 2000 euro, puoi dirti ricco, perché non hai bisogno di lavorare. Le tue attività coprono da sole le spese, al di là del tuo reddito da lavoro. Se sei un professionista, magari hai un buon lavoro, buone entrate, riesci ad avere una vita sociale appagante e a coprire spese e uscite come un mutuo o altro; ma hai un cashflow uguale a zero e completamente dipendente dal lavoro.

Se sei povero hai uno stipendio non molto alto, uscite di importo identico allo stipendio, cashflow pari a zero.

Per analizzare la tua situazione attuale, ridisegna lo schema del cashflow su un foglio. Riempi i quadranti ricordando che le entrate sono date dal lavoro, dalle attività o da entrambi; le uscite dalle spese e dalle passività. Una volta fatta una schematizzazione del cashflow attuale, fanne una del cashflow desiderato, ovvero di come tu vorresti fosse la tua situazione finanziaria tra un anno.

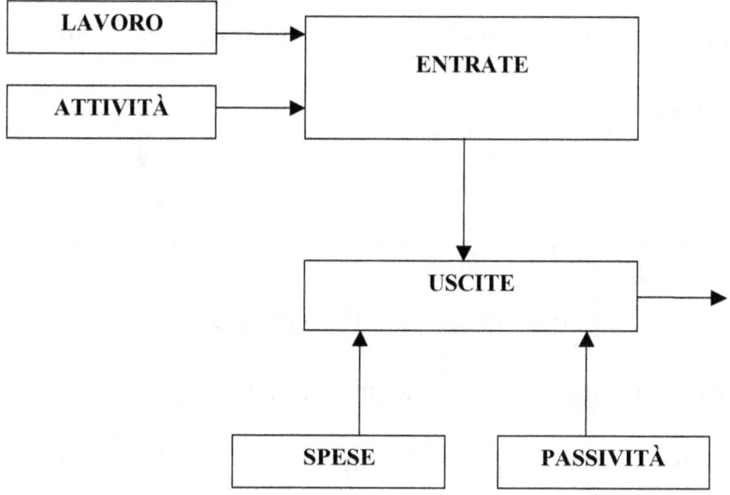

La vita è una per tutti, il tempo è lo stesso per tutti, la giornata dura comunque ventiquattro ore; allora perché qualcuno è ricco e qualcuno no? Per diventare ricchi bisogna decidere di esserlo e darsi da fare, intraprendendo un'attività parallela al proprio lavoro finché non si è liberi finanziariamente.

E a questo punto ti chiedo: ti piacerebbe avere un'entrata automatica di 5000 euro al mese che qualcuno ti paga come affitto del tuo immobile?

Certo, il problema è come entrare in possesso di un immobile da affittare… E se fosse lo stesso affittuario a pagarti l'immobile? E se quindi tu non avessi bisogno di denaro tuo per comprare l'immobile? Questo è possibile grazie alla "leva finanziaria".

RIEPILOGO DEL CAPITOLO 1:

- SEGRETO n. 1: lavorando con intelligenza finanziaria è possibile costruire rendite automatiche anche partendo da zero e senza soldi.

- SEGRETO n. 2: il "cashflow" (entrate - uscite) è un valido indicatore di ricchezza e rappresenta l'obiettivo su cui lavorare per crearsi rendite automatiche.

- SEGRETO n. 3: la definizione di ricchezza è quando si hanno rendite automatiche, indipendenti dal proprio lavoro, maggiori delle spese fisse.

CAPITOLO 2:

Investire in Leva Finanziaria

«Datemi una leva e vi solleverò il mondo». Così diceva Archimede. Così come ci indica la parola stessa, la leva finanziaria consiste nell'utilizzare una determinata quantità di denaro per sollevarne molta di più. Servirsi della leva finanziaria, in questo caso, significa utilizzare un **capitale minimo** per comprare immobili anche di elevato valore, ottenendo un rendimento (detto "ROE") molto alto.

Non è necessario possedere già tanto denaro per diventare ricchi e lo dimostra il fatto che il 90% delle persone ricche sono milionarie di primo grado. Vuol dire che sono partite da zero, senza patrimoni familiari alle spalle. Niente eredità, solo buone idee o lavoro intelligente.

Certamente il denaro può essere una leva potente. È più facile guadagnare 10.000.000 di euro se parti con 5.000.000. È meno facile se parti con 1.000.000. È ancora meno facile se parti con 100.000. Diventa più impegnativo se parti con zero.

Forse sei ricco di famiglia o hai ereditato una fortuna, forse hai accantonato dei soldi grazie al tuo lavoro. O forse non ne hai affatto: va bene lo stesso perché, come ti ho già detto, per riuscire nell'intento di diventare ricco non è necessario possedere già di base tanto denaro. È impegnativo ma non impossibile. E tanti ce l'hanno già fatta utilizzando altri tipi di leva.

Infatti quello della leva finanziaria è un concetto che può essere esteso anche ad altri tipi di leva, interna o esterna. Per capirci, tra le leve interne possiamo enumerare:

- il tempo;

- le idee;

- le conoscenze;

- le capacità;

- le esperienze;

- le altre risorse che ciascuno di noi possiede in maniera del tutto personale.

Il tempo è una leva interna, perché riguarda te stesso, le tue capacità e le tue risorse. Prova a pensare di dover utilizzare la leva del tempo per sollevare dieci milioni di euro. Pensi di potercela fare?

Dieci milioni di euro sono tanti da sollevare in un anno, ma potrebbero non esserlo nel corso di cinquant'anni, durante i quali, magari, già si saranno svalutati moltissimo e varranno molto meno. Il tempo, dunque, è una grande risorsa e se tu avessi tutto il tempo a disposizione, l'impresa risulterebbe meno impegnativa.

Inoltre ci sono tanti ricchi che non hanno tempo di investire i loro soldi. Tu invece potresti avere tempo per investire ma non soldi. È plausibile pensare di creare una società di investimenti immobiliari dove tu conduci le operazioni e il tuo socio mette i soldi? In questo caso, stai scambiando tempo con denaro, e il tempo diventa una tua potentissima leva finanziaria.

Anche l'autostima è una leva, perché quando credi in te stesso, ti sarà più facile fissare obiettivi e poi darti da fare per raggiungerli.

Le idee sono un'altra risorsa interna: può capitare che un giorno ti venga in mente un'idea brillante, che la brevetti e che, in un anno, arrivi a sollevare gli stessi dieci milioni di euro.

Anche io ho avuto la mia idea, quella di portare in Italia gli ebook per la formazione già nel 2002, prima di ogni altro editore. È stata molto produttiva e per me ha costituito un cambiamento importante, ma ne ho avute molte altre e la maggior parte devo ancora realizzarle.

Le idee sono una delle leve più importanti di cui disponiamo, basta solo avere un po' di fantasia, creatività e immaginazione. E un tocco di realismo e concretezza per metterle in pratica e realizzarle.

Un'altra leva importante è quella delle nostre conoscenze, intese come quell'insieme di relazioni che intrecciamo con le altre persone. A seconda del progetto che vuoi realizzare, la conoscenza giusta può giocare a tuo favore aiutandoti a raggiungere lo scopo che ti sei prefissato. Se conosci un direttore di banca puoi forse ottenere più facilmente il prestito che ti serve per investire in immobili e metterli a reddito.

Ma se le tue conoscenze non sono tali da poterti aiutare, cosa puoi fare? Semplice, puoi sviluppare le tue capacità. Le tue capacità costituiscono quella leva che, anche in assenza di conoscenze e creatività, puoi accrescere, sviluppare e perfezionare per te stesso e per gli altri.

Uno dei presupposti della PNL è che ogni persona, con l'aiuto delle giuste strategie, è in grado di raggiungere ottimi livelli in qualsiasi settore. Fare formazione, quindi, è sempre positivo. Porta allo scoperto le tue capacità nascoste e migliora quelle di cui sei già dotato. Puoi diventare bravo in tutto. Per questo stai leggendo questo testo per crearti rendite da immobili.

L'altra leva che ho inserito nell'elenco precedente è quella delle tue esperienze individuali, quelle che ti hanno formato e hanno plasmato il tuo carattere, quelle che ti aiutano o ti limitano nello spingere la tua leva.

La divisione tra leve interne e leve esterne non è così netta come sembra; infatti, se pensi a una delle leve che ti ho elencato, puoi facilmente comprendere come possa essere considerata anche come leva esterna, semplicemente facendola espressione non tua, ma di altri: il tempo di altri, le idee di altri, le conoscenze di altri, il denaro di altri. In questi casi, le consideriamo leve esterne perché non dipendono da noi.

Il tempo degli altri è un grandissimo valore che puoi utilizzare a tuo vantaggio. Quando ristrutturi casa e i muratori lavorano per te, tu utilizzi il tempo degli altri. Potresti fare quei lavori da te e impiegare sei mesi per portarli a termine.

Delegando altre persone che lo fanno per te, puoi vedere i lavori terminati in un mese. Delegare qualcuno ti fa spendere dei soldi, ma, intanto, ti permette di sfruttare più razionalmente il tempo che sei riuscito ad avere a disposizione.

È un po' la differenza tra un imprenditore e il dipendente o il libero professionista che lavora autonomamente.

DIPENDENTE	**RAPPORTO 1:1;** non ha leve in quanto può contare solo su se stesso.
AUTONOMO	**RAPPORTO 1:3/1:4**; ha tre o quattro leve, in quanto può contare sull'aiuto di un manipolo di segretarie e assistenti.
TITOLARE D'IMPRESA	**RAPPORTO 1:N; HA** moltissime leve in quanto può contare su un numero imprecisato di dipendenti.
INVESTITORE	**RAPPORTO 1:N; INVESTE** in azioni aziendali e diventa socio del titolare d'impresa, sfruttando il lavoro di un numero imprecisato di dipendenti.

Come puoi vedere, il dipendente ha un rapporto di 1:1, cioè non ha leve, in quanto può contare solo su se stesso, e non su altri, per guadagnare di più: per esempio, secondo il suo datore di lavoro ciò che fa ha il valore di 1000 euro e tanto è pagato.

L'autonomo, invece, ha un rapporto di 1:3 o 1:4, perché è un libero professionista, ha un suo studio, una segretaria, o più di una, e un assistente; può contare, insomma, su due o tre persone. Grazie a loro, riesce a seguire dieci clienti al giorno invece che quattro, e arriva a guadagnare il triplo avendo molti più soldi. Ma è ancora poco per diventare milionari.

Passiamo, poi, al titolare d'impresa. L'imprenditore può avere un numero imprecisato di dipendenti nella sua azienda, quindi il rapporto è di 1:N.

Infine, c'è l'investitore che, investendo in azioni aziendali, diventa socio del titolare d'impresa. Grazie al suo investimento, se le cose vanno bene, può sollevare milioni di euro. Anche il suo rapporto è di 1:N, numero che, anche in questo caso, varia a seconda del numero di lavoratori.

Io ad esempio, oltre alle operazioni in campo immobiliare, sono titolare della Bruno Editore nella quale tra dipendenti interni e collaboratori esterni ho circa trenta persone che lavorano per l'azienda. Quindi ho una leva di 1:30 che consente all'azienda di correre veloce, essere innovativa e sempre la prima del suo settore.

In qualità di investitore sono socio in diverse altre aziende, nelle quali non lavoro direttamente, ma in qualità di comproprietario, ho una forza lavoro di centinaia di persone che mandano avanti tutto.

All'insieme delle leve esterne appartiene senza dubbio la tecnologia. È una risorsa fondamentale che, volendo, ti permette di lavorare quasi esclusivamente su Internet e di raggiungere un gran numero di persone con un semplice clic e senza costi. Non solo, osservando le più grandi società online, puoi prendere spunto per ideare e realizzare progetti e raggiungere il successo.

Anche la Bruno Editore si è servita della tecnologia automatizzando completamente i suoi processi, tanto da riuscire a generare milioni di euro in maniera del tutto automatica. La tecnologia è davvero di grande aiuto!

SEGRETO n. 4: le leve finanziarie, interne o esterne, permettono con "poco" di sollevare "molto" e quindi di raggiungere molto più velocemente i tuoi obiettivi finanziari.

Dopo il pensiero, l'azione. I passi successivi sono innanzitutto quello di agire con intelligenza ed evitare di incappare negli errori e poi quello di farti supportare da chi possiede delle competenze specifiche che tu non hai, utili nella realizzazione del tuo progetto.

Le opportunità che puoi cogliere per arricchirti sono molte e proprio quello immobiliare è un mercato che può essere particolarmente fruttuoso. Il fatto che i ricchi investano molto in immobili conferma questa idea.

Ho detto investire in immobili, non indebitarti per decine di anni per comprarti la casa in cui vivi. Abituati a vedere il prestito finanziario da un altro punto di vista: non come un debito da riscattare a fatica, ma come un investimento per produrre altri soldi.

Gli americani distinguono *good debts and bad debts*, ossia "debiti buoni e debiti cattivi". Quelli cattivi sono debiti che fanno uscire soldi dal tuo portafoglio, come, per esempio, il mutuo per la casa di proprietà o le rate della macchina.

I debiti buoni sono quelli che ti portano denaro perché vengono investiti in operazioni a flusso di cassa (cashflow) positivo. Per esempio, se compri un immobile tramite mutuo o leasing e lo affitti generando una rendita e ripagandoti in modo automatico anche la rata del prestito, allora è un debito buono che moltiplica i tuoi soldi e il tuo patrimonio. In questo caso il prestito è una leva finanziaria molto potente.

SEGRETO n. 5: la leva finanziaria si basa sui debiti "buoni", ovvero finalizzati alla creazione di attività e di rendite automatiche; al contrario i debiti "cattivi" sono quelli che usiamo abitualmente per comprare cose inutili e non produttive.

Altre leve? Anche i problemi, tuoi o di altri, possono essere leve. Al giorno d'oggi la maggior parte delle persone sono motivate molto di più dall'andare via da un problema, piuttosto che dall'idea di raggiungere un obiettivo.

Hai presente il concetto di motivare con bastone e carota? È vero che la carota può essere motivante per far camminare l'asino, ma è purtroppo anche vero che il bastone funziona con maggiore impatto e costituisce per molti una grande leva motivazionale.

Non serve andare lontano: basta aprire i giornali, guardare i siti di news o accendere la televisione su un telegiornale: ciò che fa audience sono le tragedie, i drammi familiari, le guerre. Non le belle notizie.

Per questo i problemi costituiscono una forte leva motivazionale e al tempo stesso finanziaria. Infatti una persona che vuole abbandonare la propria casa perché ha litigato con i vicini o perché ha una causa di divorzio in corso si traduce molto spesso nell'opportunità di risparmiare dal 30% al 50% sull'acquisto dell'immobile.

Robert Allen, considerato uno dei massimi esperti in America di *real estate* ("immobili" in lingua inglese) li definisce *don't wanters* e cioè gente che, per diversi motivi, vuole vendere il suo immobile di proprietà il prima possibile.

Persone che vogliono cambiare città o trasferirsi all'estero, che hanno ereditato il bene in questione oppure che stanno affrontando un divorzio. Le ragioni possono essere tante, ma la conseguenza è sempre la stessa: i *don't wanters* vogliono liberarsi dell'immobile in fretta.

Nel suo best-seller *Nothing Down*, Allen spiega che i *don't wanters* sono persone con problemi di diversa natura:

D Divorce

O Obsolescence of property – needs major fix-up

N Negative cashflow

T Transfer

W Wrong management approach

A Arrears in payments

N Negative location

T Taxes

E Estate situations (deaths)

R Retirement

C Competition with neighbouring properties

O Out-of-area owners

N Neurotic fears

D Debts

I Ignorance of investment principles and market conditions

T Time constraints

I Investment capital – needs capital for another investment

O Ornery partner(s)

N Need for status symbol (a new Lexus beats an old building)

S Sickness

Vediamo di rendere in italiano questo elenco di parole, che costituiscono le condizioni dei *don't wanters*:

- divorzio;

- proprietà obsolete – ristrutturazione necessaria;

- flusso negativo di denaro;

- trasferimento;

- approccio sbagliato nella gestione;

- pagamenti arretrati;

- locazione negativa;

- tasse;

- situazioni immobiliari (decessi);

- pensionamento;

- competizione con le proprietà vicine;

- proprietà fuori zona;

- paure neurotiche;

- debiti;

- ignoranza dei principi d'investimento e condizioni del mercato;

- tempo che stringe;

- investimento capitale – ha bisogno di capitale per un altro investimento;

- soci onorari;

- bisogno di status symbol (una Lexus nuova batte un edificio vecchio);

- malattia.

Non ci sono solo "disperati", ma anche coloro che pensano che *grass is greener* (l'erba del vicino è sempre più verde), cioè quelle persone che magari stanno cambiando lavoro o residenza per trasferirsi in posti migliori, pensando che vi siano maggiori opportunità in altri luoghi.

Se ad esempio un avvocato è stato assunto da un grande studio milanese dove guadagnerà il triplo dello stipendio, allora sarà motivato a svendere la casa perché più tempo passa e più mette a rischio il proprio lavoro e i propri guadagni.

SEGRETO n. 6: le persone che hanno forti leve motivazionali a vendere un immobile, definite *don't wanters*, costituiscono un'ottima opportunità per comprare immobili con sconto dal 30% al 50%.

L'ultima leva è sicuramente quella del team. Investire in immobili richiede una serie di competenze che può facilmente essere individuata in diverse persone, andando a costituire così un vero e proprio team di lavoro. Pensiamo, per esempio, all'importanza di figure che possiedono abilità specifiche, dall'avvocato al geometra, dal commercialista agli operai, fino ad arrivare ai soci finanziatori.

Tutte queste figure svolgono mansioni che spesso, ovviamente a seconda del lavoro che si affida loro, implica un esborso in denaro da parte nostra anche molto elevato. Ti suggerisco di tenere in considerazione l'ipotesi di renderli soci delle operazioni che effettui, in maniera tale da poter usufruire delle loro competenze gratuitamente. Il che, come puoi ben immaginare, non è poco. Io stesso ho utilizzato questo sistema in una logica di win-win, secondo la quale non solo ciascuna persona coinvolta (sia tu che il tuo team) non sia scontenta ma, per di più, risulti in qualche modo vincitrice.

Rendi le persone complici nel tuo progetto, fa' che siano direttamente interessate al raggiungimento dello scopo e otterrai ancor più facilmente il risultato desiderato; un team affiatato e che abbia davanti a sé un obiettivo condiviso raggiunge i risultati con maggiore facilità e in minor tempo: la passione e il sentimento determinano il successo.

SEGRETO n. 7: crearsi un team con un obiettivo condiviso è una leva vincente, in cui ciascun membro apporterà le proprie competenze e trarrà vantaggio da quelle altrui.

RIEPILOGO DEL CAPITOLO 2:

- SEGRETO n. 4: le leve finanziarie, interne o esterne, permettono con "poco" di sollevare "molto" e quindi di raggiungere molto più velocemente i tuoi obiettivi finanziari.

- SEGRETO n. 5: la leva finanziaria si basa sui debiti "buoni", ovvero finalizzati alla creazione di attività e di rendite automatiche; al contrario i debiti "cattivi" sono quelli che usiamo abitualmente per comprare cose inutili e non produttive.

- SEGRETO n. 6: le persone che hanno forti leve motivazionali a vendere un immobile, definite *don't wanters*, costituiscono un'ottima opportunità per comprare immobili con sconto dal 30% al 50%.

- SEGRETO n. 7: crearsi un team con un obiettivo condiviso è una leva vincente, in cui ciascun membro apporterà le proprie competenze e trarrà vantaggio da quelle altrui.

CAPITOLO 3:

Mettere a Reddito gli Immobili

Mettere a reddito gli immobili è la strategia che preferisco in assoluto e l'ho utilizzata già diverse volte, con un ottimo ritorno economico. Non solo è molto remunerativa, ma è anche quella che a mio giudizio comporta minori rischi ed è più facile da attuare.

Molte delle persone che si avvicinano agli immobili ritengono che gli investimenti immobiliari siano difficili e rischiosi. Io penso invece che il rischio sia dato solo dall'ignoranza e dalla mancanza di competenze. Se tu studi da chi ha già fatto molte operazioni e metti in pratica appena possibile, allora sei tu il responsabile del tuo destino e sarai in grado di valutare un affare con attenzione e con i numeri alla mano. In questo capitolo, infatti, ti parlerò proprio di numeri.

Secondo me è molto più rischioso affidare i propri risparmi alla banca o a un consulente finanziario, che cura i suoi interessi prima dei tuoi.

Perché dico che questa strategia è meno rischiosa delle altre? Il motivo è molto semplice: non si basa su semplici fattori di speculazione, quali le oscillazioni del mercato immobiliare, il rialzo dei prezzi e così via. Immagina di dover investire in Borsa: se tu fai operazioni a breve e medio termine i rischi sono notevoli, è pura speculazione, cioè tu compri e speri (in base alle tue analisi) che il titolo sia in rialzo. Se non è così perdi soldi.

Da chi dipendono i tuoi guadagni in questo caso? Non da te, bensì dal mercato, dai trend, dall'economia mondiale. In pratica non hai in mano la responsabilità del tuo investimento. È proprio per questo che non troverai mai nessuna banca che ti presta soldi per comprare titoli azionari.

Al contrario, lavorando con immobili a lungo termine troverai grande disponibilità finanziaria da parte dei direttori di banca. Questa strategia ha origini in America dove il mercato immobiliare è ancora più rischioso di quello italiano. Lì è facile vedere in poco tempo immobili crollare anche del 30-70%, il che li rende molto simili a speculazioni di Borsa.

Fare "flipping", cioè comprare un immobile per rivenderlo subito dopo a un prezzo più alto può avere un grado di rischio molto elevato. Se il mercato scende ti ritrovi con un bel passivo e tanti debiti da pagare. È esattamente quello che è successo durante la crisi mondiale: persone che hanno comprato con il mutuo e si sono indebitate fino al collo, si sono ritrovate con case il cui valore è improvvisamente diventato di molto inferiore al debito residuo da pagare. Come ti sentiresti ad avere un immobile da 100.000 dollari e dover ancora pagarci sopra 180.000 dollari di debito? Tanto vale farselo pignorare dalla banca.

Quindi l'obiettivo non deve essere il guadagno sull'operazione di compravendita, bensì sul reddito da cashflow (flusso di cassa, quanti soldi ti entrano in tasca dopo aver tolto le spese) che quell'immobile produce.

SEGRETO n. 8: l'investimento più sicuro è quello basato sulla generazione immediata di reddito e non sulla speranza di rivendere a un prezzo più alto a breve termine.

Quando noi compriamo un immobile da 1.000.000 di euro che ci rende 60.000 euro all'anno di rendita da affitto, allora poco importa se il valore dell'immobile sale o scende. L'obiettivo non è sperare che salga, così da guadagnare sulla rivendita. A noi interessa avere una rendita fissa mensile che ripaghi il debito bancario che abbiamo contratto per comprare l'immobile e ci lasci anche qualcosa in tasca.

Se poi l'immobile si rivaluta nel tempo, allora possiamo considerarlo un bonus. Ma non deve essere il fattore primario per valutare l'investimento.

Questa tecnica funziona a maggior ragione in tempo di crisi. Infatti tutte le persone che hanno perso casa perché non in grado di pagare il mutuo, dove sono andate a finire? In affitto, naturalmente.

Oggi come oggi la domanda di affitti è molto aumentata rispetto al passato, nonostante l'Italia sia considerata il paese di chi "compra la casa".

Peccato che come dice Robert Kiyosaki la casa di proprietà è il peggior passivo che possiamo acquistare. È infatti la spesa più grande, quella che ogni mese toglie dallo stipendio delle persone migliaia di euro di tasse di proprietà, spese di manutenzione, rata del mutuo e interessi. E questo secondo me è il minimo. Il vero danno è dato dall'immobilizzazione del tuo capitale o della relativa capacità di indebitamento.

SEGRETO n. 9: la casa di proprietà è un passivo che ti toglie denaro e blocca qualsiasi possibilità di investimento.

Facciamo un po' di esempi numerici, così capisci di cosa sto parlando. L'istinto è sempre importante, ma da buon ingegnere ritengo che anche gli investimenti immobiliari vadano studiati con la matematica. E ritengo che questo studio vada fatto assolutamente PRIMA di acquistare!

Ipotizziamo che tu abbia una casa di proprietà da 1.000.000 di euro. Ragiono su questi numeri perché sono quelli con cui lavoro in genere. Ma nulla vieta di togliere uno zero e riproporzionare facilmente tutti i conti. In ogni caso, quale che sia il tuo patrimonio, ti consiglio all'inizio di cominciare sempre con operazioni piccole, in modo da imparare il mestiere. Poi a crescere si fa sempre in tempo.

Dunque hai 1.000.000 di euro investiti nella tua casa di proprietà. Quanto ti rende questa casa, qual è il cashflow di questo investimento? Zero, perché non è affittata a nessuno. Al limite potresti considerare che risparmi qualche soldo sull'affitto che non paghi. Ma come vedrai è un ritorno talmente minimo che alla fine del capitolo avrai molte idee nuove in testa.

Ipotesi 1: casa di proprietà

Vediamo i dati:

- valore: 1.000.000;

- cashflow: 0;

Il ritorno sull'investimento dei tuoi soldi, che definiamo ROE (*Return On Equity*) o che gli americani chiamano anche *cash on cash return* (ritorno in soldi sui soldi che hai messo), è dello 0%, infatti non hai redditi da questa proprietà immobiliare.

- ROE: 0%

Tuttavia un altro motivo per cui gli italiani vogliono la casa di proprietà è che è comunque un investimento migliore rispetto a tenere fermi i soldi in banca. Questo è sicuramente vero: in banca i soldi si svalutano miseramente e quando ti va bene ti danno l'1-2%.

Invece una casa nel tempo si apprezza quasi sempre. Sul mercato italiano questo è abbastanza vero, diciamo che un apprezzamento del 5% all'anno è più che plausibile. Se poi contiamo che nel passaggio dalla lira all'euro i prezzi sono esattamente raddoppiati, allora l'incremento di valore degli immobili negli ultimi dieci anni è attestato su percentuali molto più alte. Ma calcoliamo il 5%.

Per calcolare un valore di riferimento rispetto ad altri investimenti esaminati in questo testo, immaginiamo che dopo 18 anni metti in vendita la tua casa. Uso 18 anni perché oggi è la durata minima dei leasing immobiliari che noi utilizziamo.

In un periodo di 18 anni, con un apprezzamento del 5% annuo, e calcolando l'interesse composto, il valore dell'immobile diventerebbe di euro 2.406.619.

Quindi hai un guadagno di 1.406.619 su 1.000.000 di euro che hai messo all'inizio, pari al 140,7% in 18 anni. Annualmente il ROE relativo all'aumentato valore dell'immobile è di 140,7/18 = 7,8% annuo.

Riepilogando:

- valore: 1.000.000;

- cashflow: 0;

- ROE cashflow: 0%;

- ROE apprezzamento: 7,8%;

- ROE totale: **7,8% all'anno** (solo se la casa si rivaluta).

Quindi in totale il tuo investimento nella casa di proprietà ti rende il 7,8% all'anno. Va bene, è meglio di niente e meglio che tenerli in banca. Ma non è l'obiettivo della gente ricca né tanto meno il nostro, soprattutto perché non hai nessuna vera certezza che l'immobile si rivaluti automaticamente. Il 5% di rivalutazione è una media, ma ci sono immobili che hanno percentuali inferiori e altri, magari attici o locali molto prestigiosi, che possono salire anche del 10% all'anno. Infatti abbiamo detto che il nostro investimento deve essere indipendente dalle condizioni di mercato e da eventuali apprezzamenti. Se ci sono è meglio, ma noi puntiamo al cashflow.

SEGRETO n. 10: piuttosto che tenere i soldi in banca, allora la casa di proprietà è un investimento migliore, ma nessuno può garantirti che ci sarà un reale apprezzamento del valore.

Ipotesi 2: rendite da affitto

Facciamo una seconda ipotesi: vendiamo la casa e investiamo il milione di euro in un bel locale da affittare o in un negozio. O anche in una casa prestigiosa, sempre da affittare.

Dico prestigiosa perché io e la mia squadra siamo specializzati in immobili di alto livello e di lusso, perché ritengo che siano i più facili da affittare e perché un target di elevato livello è una maggiore garanzia di pagamento. E anche in tempo di crisi gli immobili di prestigio aumentano di valore. Peraltro basta fare un giro in centro a Roma o a Milano: via Condotti e via Montenapoleone sono affollate e spesso c'è la fila per entrare in negozi come Tiffany o Luis Vuitton. Come se regalassero pane…

Inoltre cito locali e negozi perché in media il ritorno percentuale sugli affitti è più elevato: sulle case la media di affitto è pari al 5% del valore della casa, mentre sugli immobili di prestigio e sugli immobili commerciali la media è del 6-7% ed è facile trovare eccezioni anche al 9-10%.

Dunque:

- valore immobile/locale: 1.000.000;

- affitto annuo (6%): 60.000;

- affitto mensile: 5000;

- debiti: 0 (niente prestiti, tutti soldi tuoi);

- cashflow annuo: 60.000;

- cashflow mensile: 5000;

- ROE cashflow: 60.000-1.000.000 = 6%.

Adesso il tuo immobile ha un ritorno pari al 6%, cioè pari alla rata di affitto. Infatti avendo pagato l'immobile tutto di tasca tua, non hai contratto debiti con le banche e quindi il tuo cashflow è pari all'intero importo dell'affitto. Al limite dovresti togliere le tasse di proprietà e il costo di una rimbiancata delle pareti, ma si tratta di pochi soldi. Se invece l'immobile deve subire grosse ristrutturazioni, allora devi aggiungere i costi al prezzo di acquisto o, ancora meglio, devi trattare sul prezzo in modo da farti scontare la cifra stimata per i lavori. In generale comunque, per il nostro tipo di business, noi cerchiamo sempre immobili in buone condizioni in modo che qualsiasi lavoro riguardi solo piccoli dettagli. Oltre al ROE da cashflow, hai sempre l'eventuale ritorno sull'apprezzamento dell'immobile a 18 anni, che con una rivalutazione fissata al 5%, corrisponde come prima a un ritorno annuale pari al 7,8%.

- ROE apprezzamento: 7,8%

In totale questo primo investimento ti rende il 6% + 7,8% = 13,8%.

- ROE totale: 6% + 7,8% = **13,8% all'anno**.

Direi che le cose sono nettamente migliorate rispetto a prima, e al momento avere la casa di proprietà ti costa 60.000 euro all'anno di mancato guadagno. Ma è ancora troppo poco per i nostri obiettivi di investitori immobiliari.

In ogni caso, se non ci fosse nessun apprezzamento in 18 anni (impossibile) avremmo comunque un guadagno garantito del 6% all'anno.

SEGRETO n. 11: comprare un immobile da mettere a reddito è il primo passo per investire bene i tuoi soldi e avere ritorni economici immediati in termini di cashflow.

Ipotesi 3: risparmio in acquisto

Gli americani dicono che una delle prime regole degli investimenti immobiliari è *Make money when you buy, not just when you sell*, che significa che i soldi si fanno quando si compra e non solo quando si vende. Questo è tanto più vero quando l'investimento ha come obiettivo il reddito da cashflow.

Infatti il nostro primo obiettivo quando investiamo in immobili è trovare case e locali con almeno il 33% di sconto. Questo per avere un margine immediato di almeno il 50%.

Mi segui? Se ho una casa che vale 100 e la pago con il 33% di sconto, quindi 66,6, vuol dire che ho un risparmio di 33,3. Ora 33,3 è esattamente il 50% di 66,6 e costituisce il mio margine. Se la rivendessi subito a 100, avrei già avuto un ritorno sull'investimento del 50%.

È molto meno difficile di quello che pensi, infatti gli annunci immobiliari sono pieni di persone, che prima abbiamo definito *don't wanters*, che non vogliono più la propria casa. Persone che vogliono liberarsi al più presto del proprio immobile per mille motivi: dai divorzi, alle eredità e così via.

Inoltre non è necessario trovare sul mercato immobili a prezzi più bassi rispetto al loro valore. Da Alfio Bardolla ho imparato anche che si può andare a vedere immobili immessi sul mercato a prezzo pieno e poi fare la nostra offerta ultra scontata.

Statisticamente parlando, e le mie esperienze lo confermano, se tu trovi gli immobili giusti e offri un prezzo inferiore del 33% rispetto al valore reale, una risposta su dieci sarà positiva. Quindi tanto vale tentare più offerte su più immobili. Qualcuno che l'accetta ci sarà sempre e tu avrai il tuo immobile scontato.

In che modo questo influenza il nostro investimento? Facciamo due conti, immaginando di comprare al 30% di sconto:

- valore immobile/locale: 1.000.000;

- prezzo di acquisto: 700.000;

- affitto annuo (6%): 60.000;

- affitto mensile: 5000;

- debiti: 0 (niente prestiti, tutti soldi tuoi);

- cashflow annuo: 60.000;

- cashflow mensile: 5000;

- ROE cashflow: 60.000-700.000 = 8,6%.

Cosa è cambiato? Tutti i valori sono identici, ma poiché il prezzo di acquisto è di 700.000 invece che di 1.000.000, allora il tuo ritorno è di 60.000-700.000, pari all'8,6%. Quasi il 50% in più rispetto al 6% di prima! Aggiungiamo il solito 5% di apprezzamento annuo, e scoprirai che anche qui succede una cosa interessante. Dopo 18 anni l'immobile vale sempre 2.406.619 ma poiché noi l'abbiamo pagato solo 700.000 il guadagno è di euro 1.706.619. Il ritorno su 18 anni è di 1.706.619/700.000 = 243,8%. Il ROE annuo è 243,8/18 = 13,5% invece che 7,8%.

- ROE apprezzamento: 13,5%
- ROE totale: 8,6% + 13,5% = **22,1% all'anno**.

La situazione migliora sempre di più, grazie al fatto di aver risparmiato in fase di acquisto. E questa deve essere assolutamente la regola, proprio perché gli affari si fanno in fase di acquisto e non in fase di vendita. Altrimenti quando vendiamo un immobile che abbiamo pagato troppo caro, allora saremo noi a diventare dei *don't wanters* e a volercene liberare.

SEGRETO n. 12: la regola di base per moltiplicare il tuo ritorno è acquistare solo immobili a un costo inferiore di almeno il 33% rispetto al valore di mercato.

RIEPILOGO DEL CAPITOLO 3:

- SEGRETO n. 8: l'investimento più sicuro è quello basato sulla generazione immediata di reddito e non sulla speranza di rivendere a un prezzo più alto a breve termine.

- SEGRETO n. 9: la casa di proprietà è un passivo che ti toglie denaro e blocca qualsiasi possibilità di investimento.

- SEGRETO n. 10: piuttosto che tenere i soldi in banca, allora la casa di proprietà è un investimento migliore, ma nessuno può garantirti che ci sarà un reale apprezzamento del valore.

- SEGRETO n. 11: comprare un immobile da mettere a reddito è il primo passo per investire bene i tuoi soldi e avere ritorni economici immediati in termini di cashflow.

- SEGRETO n. 12: la regola di base per moltiplicare il tuo ritorno è acquistare solo immobili a un costo inferiore di almeno il 33% rispetto al valore di mercato.

CAPITOLO 4:

Rendite del 100% e Immobili Gratis

Risparmiare in acquisto è sicuramente una regola fondamentale da rispettare in tutti i casi e ci consente di ottenere un ritorno del 22,1% all'anno, cioè quasi il triplo rispetto alla prima ipotesi:

Ipotesi 1: casa di proprietà

- ROE totale: **7,8%** all'anno (solo se la casa si rivaluta).

Ipotesi 2: rendite da affitto

-ROE totale: 6% + 7,8% = **13,8%** all'anno.

Ipotesi 3: risparmio in acquisto

- ROE totale: 8,6% + 13,5% = **22,1%** all'anno.

Ora iniziamo a ragionare seriamente, anche perché l'obiettivo di questo testo è insegnarti non solo a investire ma a farlo anche senza soldi. Quindi abbiamo bisogna di leva finanziaria.

Ipotesi 4: leva finanziaria

Vediamo quali sono gli effetti sull'investimento qualora tu metta *solo una parte dei soldi* per acquistare l'immobile, e il resto te lo finanzi la banca. Ancora una volta consideriamo un locale commerciale e dunque un leasing bancario a 18 anni.

Diversamente dal mutuo, il leasing è un prestito nel quale l'immobile rimane formalmente intestato alla banca fino alla scadenza dei pagamenti e quindi viene concesso con maggior facilità rispetto al mutuo, nel quale la casa viene intestata invece alla persona che acquista.

Per non influenzare i nostri conti, immaginiamo di comprare senza sconto. Quindi di pagare 1.000.000 di euro per l'immobile. Ma a differenza di prima, noi mettiamo solo il 20% dell'investimento, pari a 200.000 euro. I restanti 800.000 euro li mette la banca. Questo non vuol dire che devi avere 200.000 euro in tasca. Vuol dire semplicemente che ti devi procurare 200.000 euro invece di 1.000.000, il che è molto più facile. O in proporzione 20.000 euro, se il tuo immobile è da 100.000. Se fai un buon progetto dell'operazione e dimostri con i numeri che il ritorno è ottimo, allora potrai coinvolgere un socio finanziatore nell'operazione, facendo mettere a lui una parte (o tutto) dei soldi che ti servono per l'anticipo.

Vediamo i numeri:

- valore immobile/locale: 1.000.000,

- prezzo di acquisto: 1.000.000;

- soldi cash: 200.000;

- soldi banca: 800.000;

- affitto annuo (6%): 60.000;

- affitto mensile: 5000;

- debiti: 4800 (rata leasing al 3% per 18 anni);

- cashflow annuo: 60.000-57.600 = 2400;

- cashflow mensile: 200;

- ROE cashflow: 2400/200.000 = 1,2%.

Leggi con calma e attenzione tutti i numeri e tutti i conti. È importante acquisire una mente matematica.

Come mai il ROE sul cashflow è solo dell'1,2%? Perché ogni mese incassiamo 5000 euro, ma ne versiamo 4800 per ripagare il debito bancario. Quindi ci avanzano solo 200 euro al mese. Tuttavia ricordiamoci che abbiamo pagato l'immobile a prezzo pieno e che quindi è un margine migliorabile.

Ma attenzione, perché c'è un ulteriore aspetto che va precisato.

Senza calcolare il solito apprezzamento del valore dell'immobile del 5%, ipotizziamo che tra 18 anni, alla scadenza del leasing, vendiamo il nostro locale a solo 1.000.000 di euro. Nessun apprezzamento, nessun guadagno? Assolutamente, il guadagno c'è ed è anche tanto.

Infatti noi abbiamo messo solo 200.000 euro e dopo ci ritroviamo con 1.000.000 di euro. Un guadagno di 800.000 euro pari al 400% in 18 anni. Il ROE sull'ammortizzazione del mutuo e quindi sul ritrovarci con l'immobile pagato è pari a 400/18 = 22,2%.

- ROE ammortizzazione: 22,2%

Questo è ciò che io definisco "**immobile gratis**": compriamo un immobile con il debito bancario e poi lo affittiamo a una rata tale che il debito venga completamente ripagato dall'affittuario. Quindi non solo ho un guadagno immediato derivante dal cashflow, pari a 200 euro mensili, ma dopo 18 anni mi ritrovo con un immobile completamente pagato senza aver messo un euro a parte l'anticipo iniziale.

Se poi consideriamo l'eventuale apprezzamento del 5%, il nostro immobile varrà 2.406.619 e avremo un ulteriore guadagno di 1.406.619. Sui 200.000 euro cash messi all'inizio dà un ritorno del 703,3% in 18 anni pari a un ROE di apprezzamento pari al 39,1%.

- ROE apprezzamento: 39,1%

Dunque il ROE totale dell'operazione è dato dal ROE da cashflow, più il ROE da ammortizzazione del debito (cioè il fatto che l'affitto dell'inquilino ripaga il tuo debito e quindi il costo dell'immobile), più il ROE per l'aumentato valore dell'immobile.

- ROE totale: 1,2% + 22,2% + 39,1% = **62,5% all'anno**.

Come puoi vedere il ritorno sul tuo investimento si è letteralmente moltiplicato, grazie alla leva finanziaria del debito bancario. Mettendo il 20% e facendoci prestare l'80% dalla banca con il leasing, l'effetto leva è 5x, cioè moltiplica di cinque volte le nostre possibilità.

Quindi invece di possedere una casa proprietà da 1.000.000 di euro, e usarla come abitazione e guadagnare solo con l'eventuale apprezzamento del valore nel tempo, la vendiamo e investiamo il nostro denaro.

Possiamo mettere 1.000.000 di euro su un locale e affittarlo con un ritorno del 13,8% (ipotesi 2). Oppure posso prendere 200.000 euro e grazie alla leva finanziaria, avere un ritorno del 62,50% (ipotesi 4).

Ma a questo punto, se abbiamo utilizzato solo 200.000 euro per la nostra operazione, cosa ne facciamo degli altri 800.000? Certo non li teniamo fermi in banca.

Il progetto ideale è fare altre quattro operazioni identiche, comprare altri quattro locali, affittarli e metterli a reddito. In questo modo moltiplichiamo le nostre entrate. Il nostro cashflow mensile diventerà di 200*5 = 1000 euro al mese, pari a 12.000 all'anno e il valore dei nostri immobili dopo 18 anni sarà di 2.406.619*5, pari a oltre 12.000.000 di euro!

Questo discorso vale sia che tu abbia una casa di proprietà da vendere sia che tu abbia solo 10.000 o 100.000 euro. Quali che siano i soldi nelle tue tasche, invece di investirli tutti in una sola operazione pagata in contanti, è meglio dividere in cinque parti e fare cinque operazioni sfruttando la leva finanziaria del prestito bancario.

SEGRETO n. 13: la leva finanziaria del debito bancario moltiplica enormemente il ritorno sul tuo investimento immobiliare.

In questo esempio abbiamo visto che il cashflow è molto basso perché abbiamo pagato l'immobile a prezzo pieno.

Cosa faresti se ti dovessi imbattere in un investimento dove il cashflow è negativo? Investiresti? Spero che dopo tutti gli esempi che ti ho fatto la tua risposta sia un pronto NO!

Eppure sono tanti gli aspiranti investitori immobiliari che ogni giorno si fanno accecare dalla speculazione.

Magari trovano un immobile che sì ha cashflow negativo, dove le spese del mutuo sono maggiori della rendita da affitto, ma a sconto del 40% e quindi lo comprano sperando di rivenderlo e guadagnarci. Questa è speculazione, non è un investimento.

Il problema è che quando un business, immobiliare o meno che sia, ha cashflow negativo potrà andare avanti solo finché tu hai le risorse per mantenerlo in piedi. Quando tu finisci i soldi, il tuo business finisce. È così che le aziende falliscono e le banche si riprendono le case e le mettono all'asta.

Quindi è assolutamente fondamentale comprare immobili con *cashflow positivo*, perché significa che l'investimento si autosostiene e ti consente di utilizzare i soldi in avanzo per ulteriori investimenti in leva.

Se ci pensi è molto semplice: quanti investimenti ti puoi permettere con cashflow negativo? Uno o poco più, finché non ti finiscono i soldi per sostenerli. Quanti investimenti ti puoi permettere a cashflow positivo? Tutti quelli che riesci a trovare perché tanto si ripagano da soli.

Ipotesi 5: risparmio + leva finanziaria

I risultati raggiunti finora dovrebbero già averti dato un'idea chiara e precisa di come vanno investiti i tuoi soldi. Altro che casa di proprietà.

Adesso però voglio mostrarti cosa succede utilizzando entrambe le strategie viste sinora, il risparmio e la leva finanziaria. Ti ricordo infatti che nell'ultima ipotesi abbiamo pagato l'immobile a prezzo pieno, il che sarebbe un errore imperdonabile visto che non intendiamo fare affari con sconto inferiore al 30-33%.

Ecco i nuovi dati comprando con sconto 30%:

- valore immobile/locale: 1.000.000;

- prezzo di acquisto: 700.000;

- soldi cash: 140.000;

- soldi banca: 560.000;

- affitto annuo (6%): 60.000;

- affitto mensile: 5000;

- debiti: 3360 (rata leasing al 3% per 18 anni);

- cashflow annuo: 60.000 - 40.320 = 19.680;

- cashflow mensile: 1640;

- ROE cashflow: 19.680/140.000 = **14,1%**.

Come vedi pagando l'immobile al giusto prezzo scontato, la conseguenza è che mettiamo meno soldi cash: sempre il 20% come anticipo del leasing, ma su 700.000 sono solo 140.000.

Inoltre la banca ci deve prestare solo 560.000 invece di 800.000 euro e di conseguenza la rata del leasing scende di molto. Quindi incassiamo il nostro affitto da 5000 euro al mese e ne spendiamo 3360 per ripagare la rata del debito bancario. Ci avanzano ben 1640 euro al mese, pari a 19.680 euro all'anno.

Ancora una volta è il nostro inquilino a ripagarci l'immobile che rimane nostro dopo 18 anni, gratis e completamente ripagato.

Ci ritroviamo dunque con un immobile da 1.000.000 avendo speso solo 140.000 euro. Il ritorno è pari a 860.000/140.000 = 614,2% in 18 anni, ovvero un ROE di ammortizzazione pari al 34,1%. In questo caso includiamo nel ROE sia l'ammortizzazione del debito di 560.000 euro, sia il risparmio di 300.000 euro effettuato in fase di acquisto che costituisce a tutti gli effetti un guadagno.

- ROE ammortizzazione: 34,1%

Considerando il solito apprezzamento del 5% il nostro immobile varrà 2.406.619, e avremo un ulteriore guadagno di 1.406.619. Sui 140.000 euro cash messi all'inizio dà un ritorno del 1004,7% in 18 anni, pari a un ROE di apprezzamento pari al 55,8%.

- ROE apprezzamento: 55,8%

- ROE totale: 14,1% + 34,1% + 55,8% = **104% all'anno.**

Questo sì che è un ritorno degno di un grande investitore immobiliare. Il 104% all'anno è veramente un risultato ottimo.

SEGRETO n. 14: la leva finanziaria unita al risparmio in fase di acquisto porta a ritorni superiori al 100% all'anno.

Inoltre non abbiamo considerato altri due elementi importantissimi:

- leva finanziaria 7x;

- cashflow.

Se prima abbiamo detto che mettendo 200.000 euro possiamo fare in totale cinque operazioni identiche con il nostro capitale di 1.000.000 di euro, allora mettendone solo 140.000, posso fare ben sette operazioni dello stesso tipo.

Con sette operazioni ci ritroviamo un capitale a 18 anni di 2.406.619*7, pari a oltre 16.846.333 di euro. Niente male. Come se non bastasse, abbiamo un cashflow mensile di euro 1640*7 = 11.480, pari a circa 140.000 euro all'anno.

Cosa ci facciamo con questi 140.000 euro all'anno aggiuntivi? Ci paghiamo uno sproposito di tasse o li reinvestiamo in una nuova operazione immobiliare dello stesso tipo? Naturalmente la seconda. Così tra 18 anni avremo non solo i sette immobili iniziali, completamente gratis e ripagati, ma anche altri diciotto immobili dello stesso valore, uno in più all'anno, tutti in fase di "ripagamento" da parte dei rispettivi affittuari.

SEGRETO n. 15: il cashflow generato può essere reinvestito su nuove operazioni, così da moltiplicare enormemente il tuo patrimonio immobiliare.

Riepilogando le opzioni a nostra disposizione, abbiamo cinque ipotesi molto differenti tra loro. Tu in quale vuoi essere?

Ipotesi 1: casa di proprietà

- ROE totale: **7,8%** all'anno (solo se la casa si rivaluta).

Ipotesi 2: rendite da affitto

- ROE totale: 6% + 7,8% = **13,8%** all'anno.

Ipotesi 3: risparmio in acquisto

-ROE totale: 8,6% + 13,5% = **22,1%** all'anno.

Ipotesi 4: leva finanziaria

- ROE totale: 1,2% + 22,2% + 39,1% = **62,5%** all'anno.

Ipotesi 5: risparmio + leva finanziaria

- ROE totale: 14,1% + 34,1% + 55,8% = **104%** all'anno.

Ci sono altre ipotesi da analizzare? Potrei dire che sono infinite, perché per ciascun elemento che abbiamo analizzato ci sono ottimi margini di miglioramento:

- prezzo di acquisto: trovando i giusti *don't wanters* e facendo molte offerte, è possibile riuscire a portare via un immobile anche con sconto 40%;

- percentuale soldi cash: in genere è difficile scendere sotto al 20% quando si tratta di banche, nonostante esistano mutui al 100% in particolari condizioni. Una strategia valida è che quel 20%, o una parte di esso, non sia costituito da soldi nostri bensì di qualche amico, parente o socio finanziatore in cambio di una percentuale sui guadagni;

- durata e tasso del debito: abbiamo calcolato un tasso del 3% e un debito a 18 anni. Qualora il tasso di interesse salisse, nulla vieta di richiedere prestiti anche a 30 o 40 anni. In questo caso la rata del debito diventa molto più bassa e il cashflow si attesta su valore più alti;

- prezzo dell'affitto: abbiamo calcolato un onesto 6%. Qui il tasso di miglioramento è elevato, ho trattato diversi immobili con percentuali del 9-10%. Dipende molto se si tratta di immobili ad uso residenziale o commerciale. Altra cosa: l'affitto aumenta ogni anno in proporzione agli indici Istat e quando cambia l'inquilino il canone viene adeguato ai nuovi prezzi di mercato, quindi il cashflow nel corso degli anni può solo aumentare.

Ottimizzando questi parametri si può arrivare a ritorni del 200-300% all'anno. Tuttavia il mio obiettivo in questo testo è darti dei valori realistici e riferiti a operazioni reali che noi stessi abbiamo fatto.

Quindi è vero che possiamo ottimizzare ogni singolo punto, ma non voglio che per ottimizzare tutti i fattori tu debba cercare un ago in un pagliaio.

È meglio fare sette operazioni al 104% annuo, piuttosto che una sola operazione al 200%. Il tempo diventa un fattore importante negli investimenti, quindi è opportuno cercare bene ma anche darsi da fare velocemente.

RIEPILOGO DEL CAPITOLO 4:

- SEGRETO n. 13: la leva finanziaria del debito bancario moltiplica enormemente il ritorno sul tuo investimento immobiliare.

- SEGRETO n. 14: la leva finanziaria unita al risparmio in fase di acquisto porta a ritorni superiori al 100% all'anno.

- SEGRETO n. 15: il cashflow generato può essere reinvestito su nuove operazioni, così da moltiplicare enormemente il tuo patrimonio immobiliare.

CAPITOLO 5:

Casi di studio: via Nevio e via Lampertico

Vediamo adesso i conti di due operazioni immobiliari che ho fatto con la strategia degli "immobili gratis" a reddito.

Via Nevio

Via Nevio è stata la sede della Bruno Editore per diversi anni. Si tratta di uno straordinario immobile commerciale di 600 mq sulla Balduina, oggi sede di una rinomata società del settore cinematografico e televisivo.

Con questo immobile abbiamo avuto la fortuna di comprare in leasing subito prima dell'entrata dell'euro. Più che fortuna dovrei dire capacità di cogliere un'opportunità.

Infatti eravamo in quella sede come affittuari di una parte dell'immobile, quando agli inizi del nuovo millennio il precedente proprietario decide di vendere a causa di un urgente bisogno di denaro. Era diventato improvvisamente un *don't wanter*. In qualità di inquilini avevamo la prelazione e abbiamo fatto subito la nostra offerta a -33%. Abbiamo chiuso dopo pochi giorni con uno sconto del 30%.

Anche se non avevamo questo denaro, abbiamo chiesto alla banca di prestarcelo. Poiché l'affare era evidente per tutti, il leasing ci è stato concesso immediatamente. Ai tempi la durata minima era di soli 12 anni, poi portati a 15 negli anni successivi e ora a 18.

Invece di pagare ancora il canone di affitto, abbiamo dunque utilizzato lo stesso importo per fare il leasing immobiliare e continuare a usare l'immobile come sede.

Ma come sai con l'euro i prezzi sono raddoppiati da un giorno all'altro, quindi il valore dell'immobile è passato al doppio nel giro di un anno. E parliamo di cifre molto alte, a dimostrare che quando un immobile è di prestigio il valore aumenta molto più velocemente della media nazionale.

A questo punto tuttavia, visto l'elevato valore dell'immobile, non ci conveniva più mantenere lì la sede, bensì dare in affitto tutti gli spazi all'altra società che aveva lì la propria sede e che nel frattempo voleva allargarsi.

Fino a un anno fa pagavamo di leasing una rata mensile che era esattamente la metà della rata di affitto. Infatti essendo raddoppiato il valore dell'immobile, la rata di affitto è cresciuta in proporzione.

Quindi l'affittuario non solo stava pagando il nostro leasing ma ci lasciava anche diverse migliaia di euro in più al mese che abbiamo reinvestito in nuove operazioni immobiliari.

SEGRETO n. 16: quando hai cashflow positivo non tenerlo mai fermo ma utilizzalo sempre per nuovi investimenti immobiliari.

Perché parlo al passato? Perché proprio un anno fa il leasing è giunto a scadenza, il debito è stato estinto e l'immobile riscattato.

Ora è completamente nostro e ripagato e abbiamo l'intero cashflow da affitto tutto per noi.

L'unico denaro che ci è servito è stato l'anticipo del leasing, messo da un socio finanziatore e già restituito. Il resto è stato della banca tramite leasing, che come ti ho detto è molto più facile da ottenere rispetto al mutuo, perché l'immobile rimane intestato alla banca finché il debito non è estinto, quindi i rischi sono minori.

SEGRETO n. 17: se hai una società puoi ricorrere al leasing che è più facile da ottenere rispetto al mutuo perché l'immobile rimane intestato alla banca finché il debito non è estinto.

Via Lampertico

A via Lampertico abbiamo replicato l'affare precedente: dopo aver lasciato la sede di via Nevio, abbiamo cercato una nuova sede per la casa editrice.

Anche in questo caso, invece di pagare un cospicuo affitto, abbiamo preferito utilizzare il medesimo budget per acquistare l'immobile con un leasing.

In questo caso l'affittuario che paga l'immobile è proprio la Bruno Editore. Può essere una valida scelta se hai una società che funziona bene e ha un buon cashflow da spendere, in quanto costituisce la migliore garanzia sull'affitto.

Quale inquilino è più affidabile nei pagamenti di te stesso?

Invece di pagare molte migliaia di euro di affitto al mese per la nostra sede di 200 mq, abbiamo preferito comprarla in leasing con una rata di importo addirittura inferiore. Naturalmente questo è fattibile se e solo se compri bene.

Considera che un immobile da 200 mq nel quartiere Fleming vale non meno di 6000 euro/mq: quindi un valore di almeno 1.200.000 di euro. Prezzo di vendita richiesto dall'ex proprietario molto buono: 800.000 euro per un locale già ristrutturato perfettamente.

Ma nel guardare i documenti di provenienza dell'immobile, mi accorgo che lui aveva comprato il locale all'asta meno di tre anni prima, pagando neanche 250.000 euro. Lui aveva fatto davvero un affare d'oro, a dimostrazione che le aste immobiliari sono sempre una strategia grandiosa per comprare immobili.

In considerazione di questo fatto, decidiamo di offrire 500.000 euro. Lo so, è molto lontana come cifra dagli 800.000 richiesti ma ho ritenuto che l'ex proprietario avrebbe potuto accettare lo stesso in virtù del prezzo a cui l'aveva pagato. E infatti dopo una breve trattativa, ci stringiamo la mano e chiudiamo a 568.000 euro. Più del 50% di sconto rispetto al valore dell'immobile e senza dover fare alcun lavoro.

Solo 56.800 euro di anticipo al compromesso presi dalla cassa dell'azienda e altrettanti alla firma del leasing. Il resto con rate da poco più di 4000 euro, per un leasing da 15 anni. Ben 1000 euro di meno dell'affitto che avremmo pagato per starci dentro. L'immobile però è nostro. E lo ha comprato la banca per noi.

Se lo tenessimo fino a scadenza del leasing, il valore dell'immobile supererebbe i 2.000.000 di euro. Avremmo un ritorno sull'investimento di (2.000.000 - 113600)/113.600 = 1660% su 15 anni, che equivale a un ROE annuo del **110%**!

SEGRETO n. 18: se hai un'azienda utilizzane il cashflow per comprare immobili, creare un patrimonio e generare un cashflow ancora maggiore da reinvestire all'infinito.

Qui parlo al condizionale perché nel 2013 abbiamo cambiato sede e ci siamo spostati nel quartiere **Parioli**, grazie all'ennesimo affare immobiliare fatto in tempo di crisi.

In un anno abbiamo comprato altri 4 immobili ad uso ufficio. Affari talmente colossali che non si potevano non fare. Tutti rigorosamente comprati con i soldi della banca e subito messi a reddito.

Difficile affittare in tempo di crisi? Assolutamente no, anzi molte aziende hanno venduto le proprietà e sono andate in affitto per un miglior controllo dei costi.

E quando abbiamo per le mani un affare molto grande, parliamo di cifre importanti, semplicemente vendiamo uno o più dei nostri immobili più piccoli.

Difficile vendere in tempo di crisi? In generale sì, ma non per noi.

E i motivi sono tre:

1) abbiamo comprato benissimo, quindi anche se vendiamo ad un prezzo più basso del mercato abbiamo comunque il nostro margine. In genere riproponiamo a meno 20/30%.

2) vendiamo immobili con il leasing già erogato, il che significa che chi compra subentra nel leasing senza fare le lunghe trafile bancarie necessarie per un debito nuovo.

3) chi compra da noi non paga le imposte del 10% o l'iva al 22% sulla compravendita, in quanto subentrando nel leasing l'intestatario non cambia (è sempre la banca) quindi non c'è passaggio di proprietà. Niente tasse!

SEGRETO n. 19: subentrare in un leasing già erogato significa risparmiare mesi di tempo per una nuova delibera e decine di migliaia di euro di imposte.

Per farti un esempio, ora abbiamo messo in vendita la sede di via Lampertico: 200 mq al quartiere Fleming di Roma che vale circa 1.200.000 di euro. Lo abbiamo messo in vendita in questi giorni ad un prezzo più basso del 30% rispetto al valore di mercato. E' vero che parliamo di un seminterrato, ma con una ristrutturazione straordinaria e di gran lusso. Guarda tu stesso le foto:

http://bit.ly/via-lampertico

Inoltre, come ti dicevo, una società che compra questo immobile potrebbe subentrare nel leasing attuale in meno di un mese e risparmiare oltre 70.000 euro di imposte di registro o di IVA. Quindi sarebbe come pagarlo il 40/50% in meno rispetto al valore commerciale. E' un affare per tutti.

Ho tanti altri immobili così, alcuni dei quali già affittati e a reddito.

Molti investitori hanno tanti soldi ma poco tempo e in certi casi conviene comprare un immobile già a reddito e intascarsi il bonifico mensile dagli affittuari. Senza stress né rischi di sbagliare le operazioni.

SEGRETO n. 20: ad un investitore che ha soldi ma poco tempo conviene comprare immobili già a reddito.

Ho fatto anche io così per alcuni investimento veloci. Compri immobili di buon livello già a reddito e non devi pensare a niente. Verifica solo che il contratto di affitto sia regolarmente registrato e che dall'estratto conto del venditore risulti la regolarità dei pagamenti. Giusto per stare tranquilli che non si debbano affrontare poi problemi con gli inquilini. Maggiori sono le precauzioni, maggiore la sicurezza dell'investimento.

Se vuoi saperne di più ti rimando alla nostra società immobiliare che ha sempre in vendita qualche immobile già a reddito:

http://www.luxurimm.it

RIEPILOGO DEL CAPITOLO 5:

- SEGRETO n. 16: quando hai cashflow positivo non tenerlo mai fermo ma utilizzalo sempre per nuovi investimenti immobiliari.

- SEGRETO n. 17: se hai una società puoi ricorrere al leasing che è più facile da ottenere rispetto al mutuo perché l'immobile rimane intestato alla banca finché il debito non è estinto.

- SEGRETO n. 18: se hai un'azienda utilizzane il cashflow per comprare immobili, creare un patrimonio e generare un cashflow ancora maggiore da reinvestire all'infinito.

- SEGRETO n. 19: subentrare in un leasing già erogato significa risparmiare mesi di tempo per una nuova delibera e decine di migliaia di euro di imposte.

- **SEGRETO n. 20**: ad un investitore che ha soldi ma poco tempo conviene comprare immobili già a reddito.

Conclusione

Ho iniziato con una storia e voglio finire con una storia. Più breve, ma molto significativa.

Un giorno Ray Kroc, proprietario di McDonald's, durante una conferenza agli studenti di un Master in Business Administration, ha fatto questa domanda: «Sapete in quale business è McDonald's?»

E tutti gli studenti hanno risposto prontamente: «Gli hamburger, ovvio».

E Ray Kroc: «Assolutamente no. McDonald's è nel business degli immobili!»

È proprio così: la catena McDonald's è uno dei più grandi proprietari di immobili al mondo. Infatti il vero business è quello di acquistare gli immobili dove nascono i punti vendita e far sì che il debito bancario venga ripagato dal gestore del McDonald's di ciascun punto, attraverso il cashflow del business degli hamburger. Lo avresti mai detto?

Personalmente ritengo che ogni persona e ogni azienda che funziona e genera cashflow dovrebbe porsi l'obiettivo di acquistare immobili per aumentare il proprio patrimonio e creare nuovo cashflow.

Questo è il segreto dei ricchi. Questo è il segreto di chi ha deciso di costruire i propri acquedotti di rendite automatiche.

E tu cosa hai deciso?

A presto!

Giacomo Bruno